AF542334

Colonel CAMON
BREVETÉ D'ÉTAT-MAJOR

LA GUERRE NAPOLÉONIENNE

LES BATAILLES

ATLAS

PARIS
LIBRAIRIE MILITAIRE R. CHAPELOT ET Cie
IMPRIMEURS-ÉDITEURS
30, Rue et Passage Dauphine, 30

1910

Colonel CAMON

BREVETÉ D'ÉTAT-MAJOR

LA GUERRE NAPOLÉONIENNE

LES BATAILLES

ATLAS

PARIS

LIBRAIRIE MILITAIRE R. CHAPELOT ET Cie

IMPRIMEURS-ÉDITEURS

30, Rue et Passage Dauphine, 30

1910

LA

GUERRE NAPOLÉONIENNE

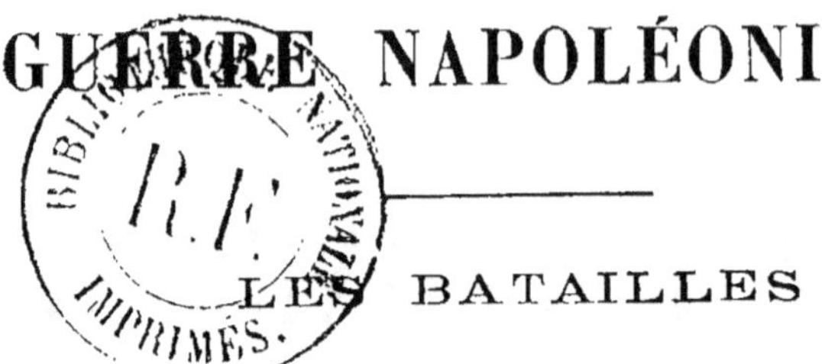

LES BATAILLES

ATLAS

1. *Carte générale d'Allemagne.*
2. *Castiglione* (5 août 1796).
3. *Rivoli* (14 janvier 1797).
4. *Marengo* (14 juin 1800).
5. *Carte de la Bavière.*
6. *Austerlitz* (2 décembre 1805).
7. *Iéna* (14 octobre 1806).
8. *Eylau* (8 février 1807).
9. *Friedland* (14 juin 1807).
10. *Wagram* (6 juillet 1809).
11. *La Moskowa* (7 septembre 1812).
12. *Lützen* (2 mai 1813).
13. *Bautzen* (20 et 21 mai 1813).
14. *Leipzig* (10 octobre 1813).
15. *Croquis de la campagne de 1815.*
16. *Ligny* (16 juin 1815).
17. *Waterloo* (18 juin 1815).

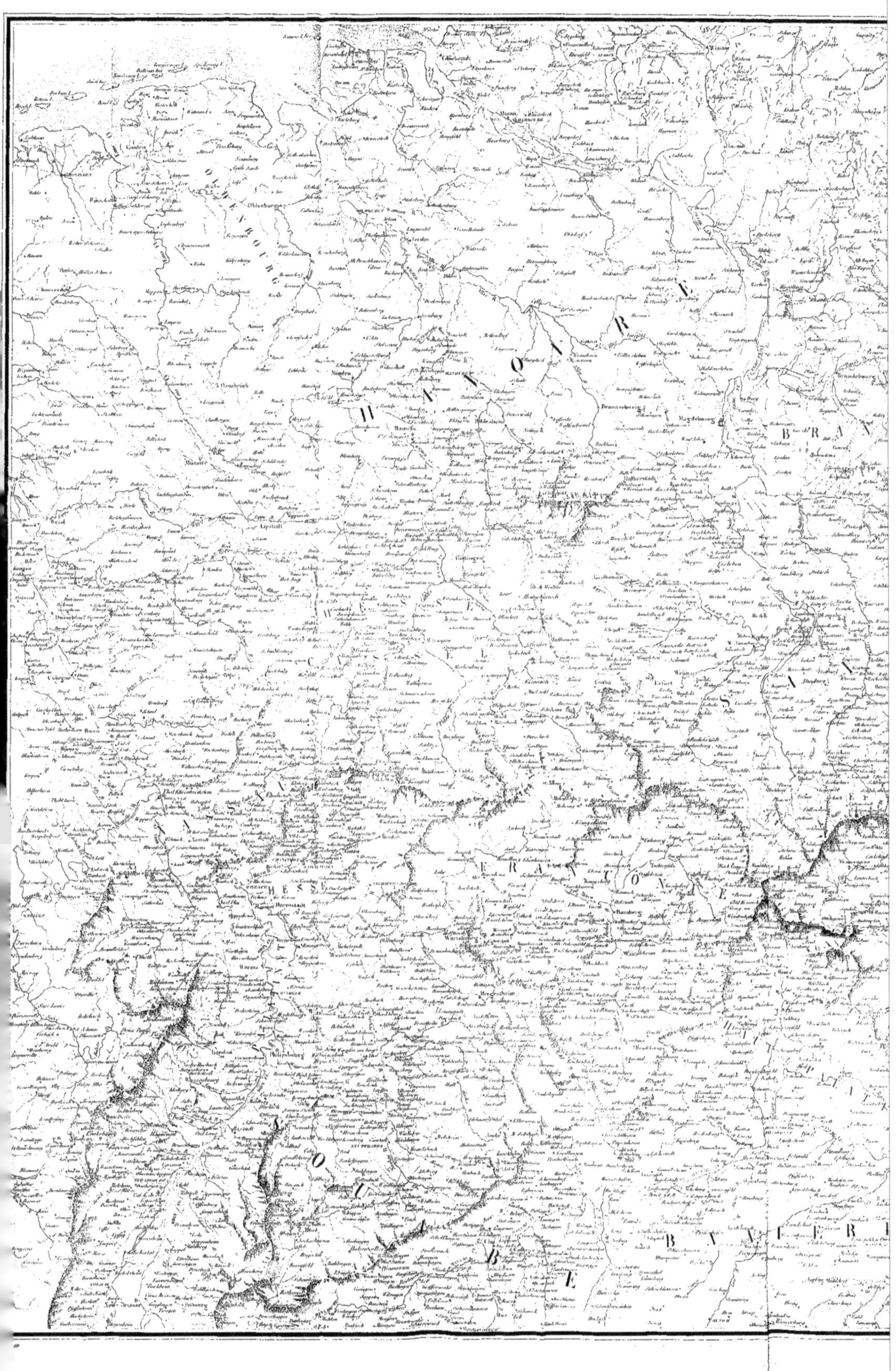

OLDENBOURG
HANOVRE
HESSE
FRANCONIE
Oldenburg
Emden
Minden
Hameln
Hildesheim
Braunschweig
Magdeburg
Halberstadt
Göttingen
Lipstadt
Celle
Altona
Brandebourg
Weimar
Erfurt
Gotha
Darmstadt
Worms
Philipsburg
Wurtzburg
Bamberg

Colberg

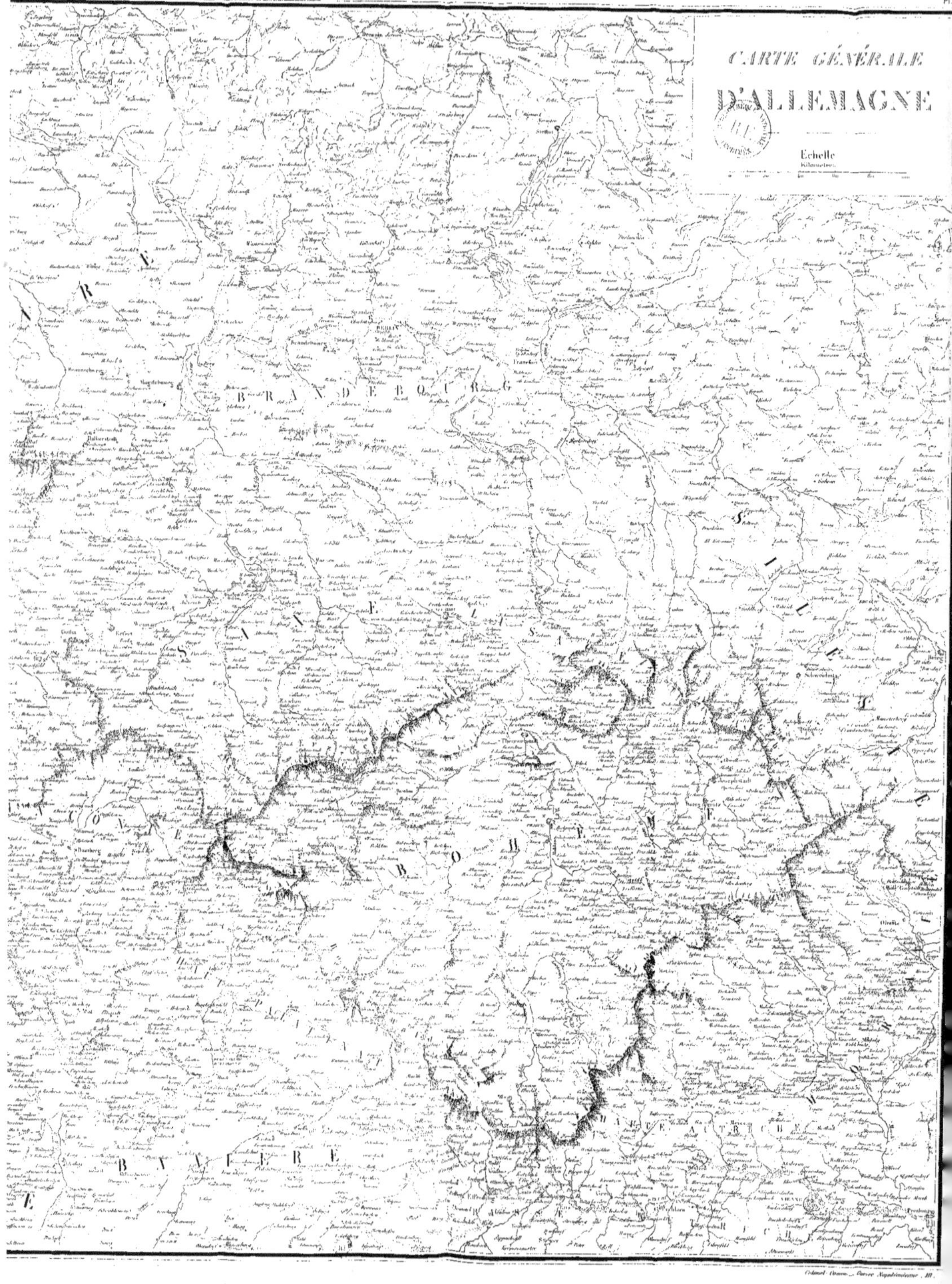
CARTE GÉNÉRALE
D'ALLEMAGNE
Echelle
Kilometres
BRANDEBOURG
SAXE
SILÉSIE
BOHÊME
BAVIÈRE
HAUTE AUTRICHE
BERLIN
Magdebourg
Francfort
Stettin
Dresde
Prague
Vienne
Presbourg
Bamberg
Gotha
Schweidnitz

BATAILLE DE CASTIGLIONE, 5 AOÛT 1796

Pl. II

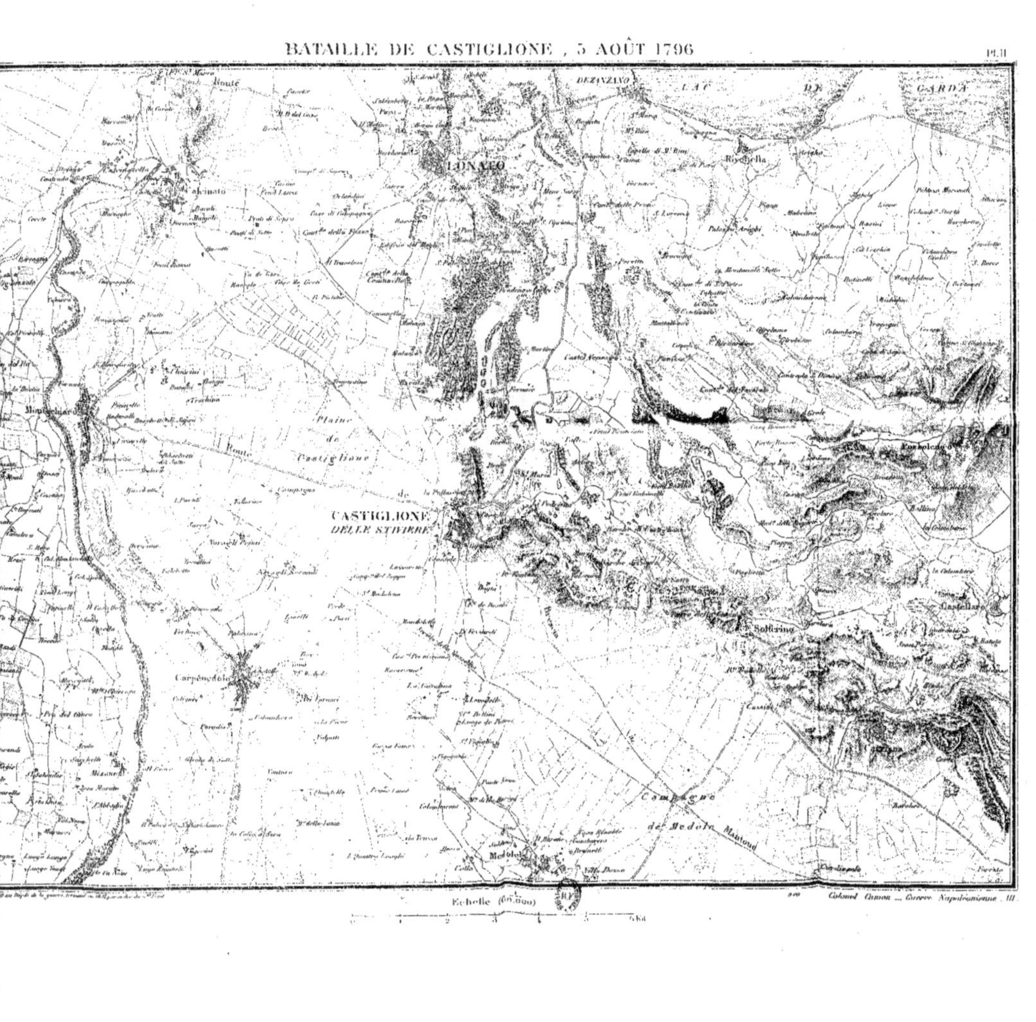

BATAILLE DE RIVOLI, 14 JANVIER 1797

PL. I

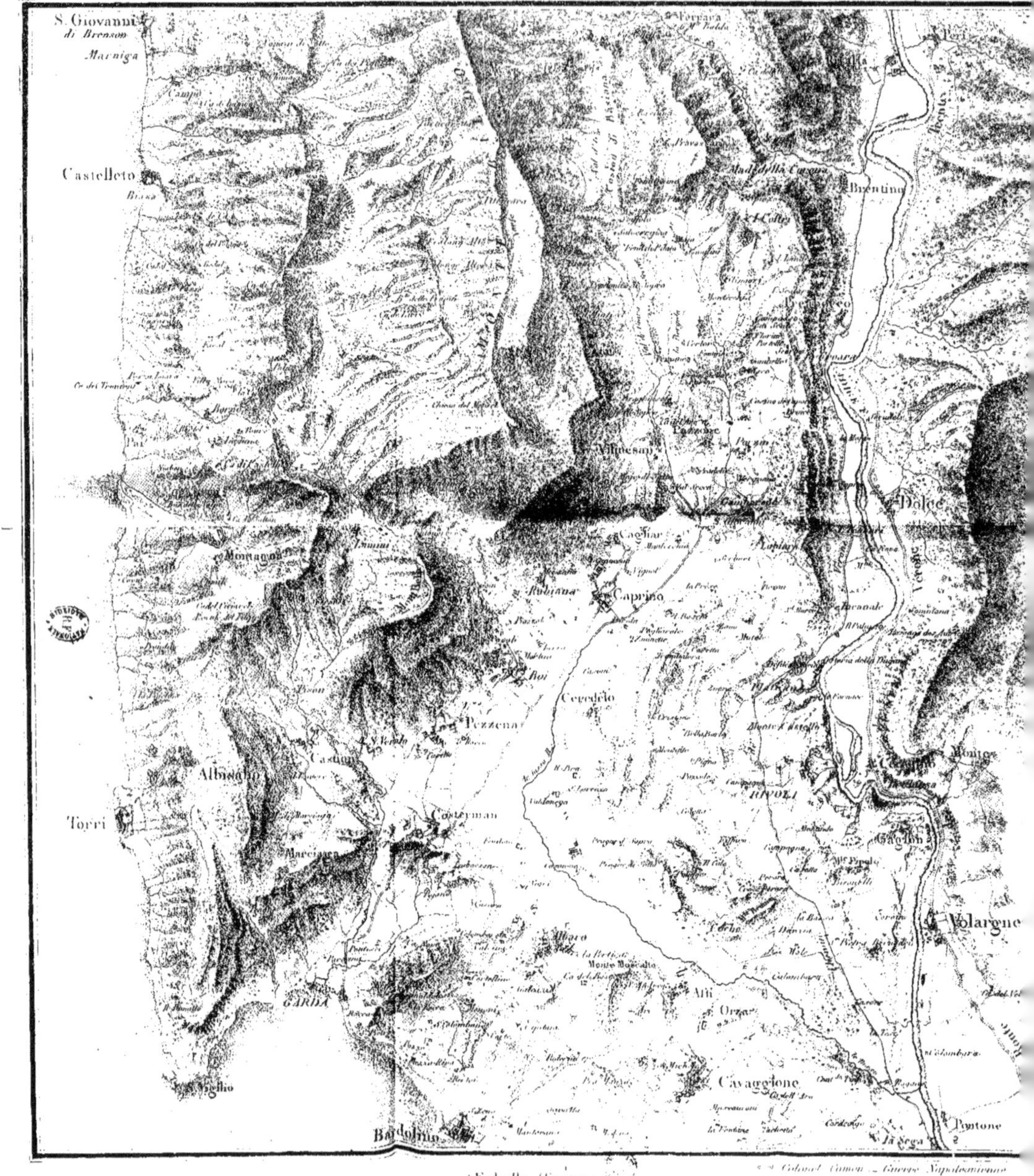

Echelle

6 Kil

Colonel Camon _ Guerre Napoléonienne

BATAILLE DE MARENGO, 14 JUIN 1800

Pl. IV

CITADELLE
Rte de Turin
ALEXANDRIE
Route d'Acqui
Tanaro R.
Castel-ceriolo
Chemin
Route de Tortone et Plaisance
Marengo
Spinetta
Lobbi
Villanova
Cassine dei Pagelli
La Ghilina
St Giuliano Vecchio
Cassina Grossa
Pozzolo
Mandrogne
Bormida R.
Orba R.

ravé en 1810 au Dépôt de la guerre, terminé en 1831 par ordre du Gal Pelet.

Colonel Camon — Guerre Napoléonienne, III.

Echelle ($\frac{1}{50,000}$).

Mètres.

1000 500 0 1000 2000 3000

CARTE DE LA BAVIÈRE

Pl.

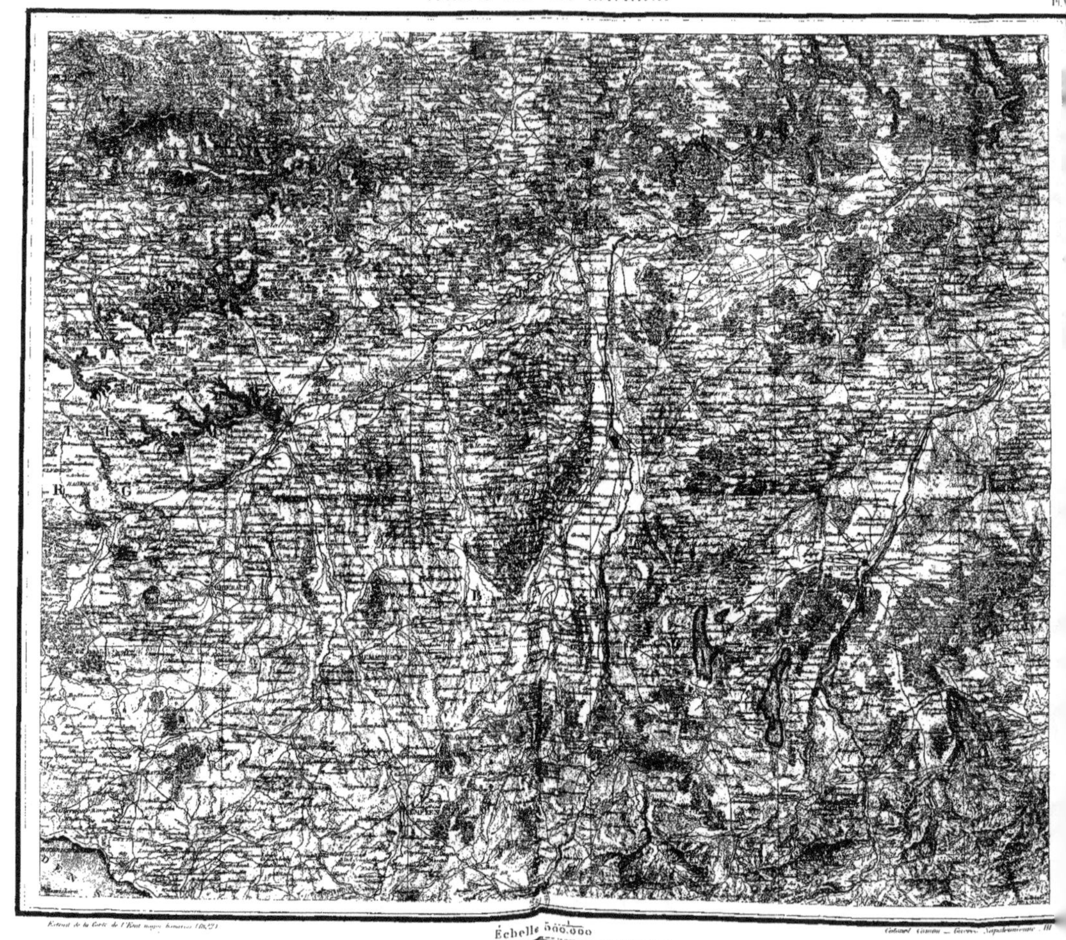

Extrait de la Carte de l'État major bavarois

Échelle $\frac{1}{500.000}$

Colonel Camon — Guerre Napoléonienne. III

Pl. VI
BATAILLE D'AUSTERLITZ
2 DÉCEMBRE 1805
Echelle $\frac{1}{75.000}$
0 1 2 3 4 5 Kil.
Colonel Camon _ Guerre Napoléonienne . III.

BATAILLE D'IÉNA 14 OCTOBRE 1806

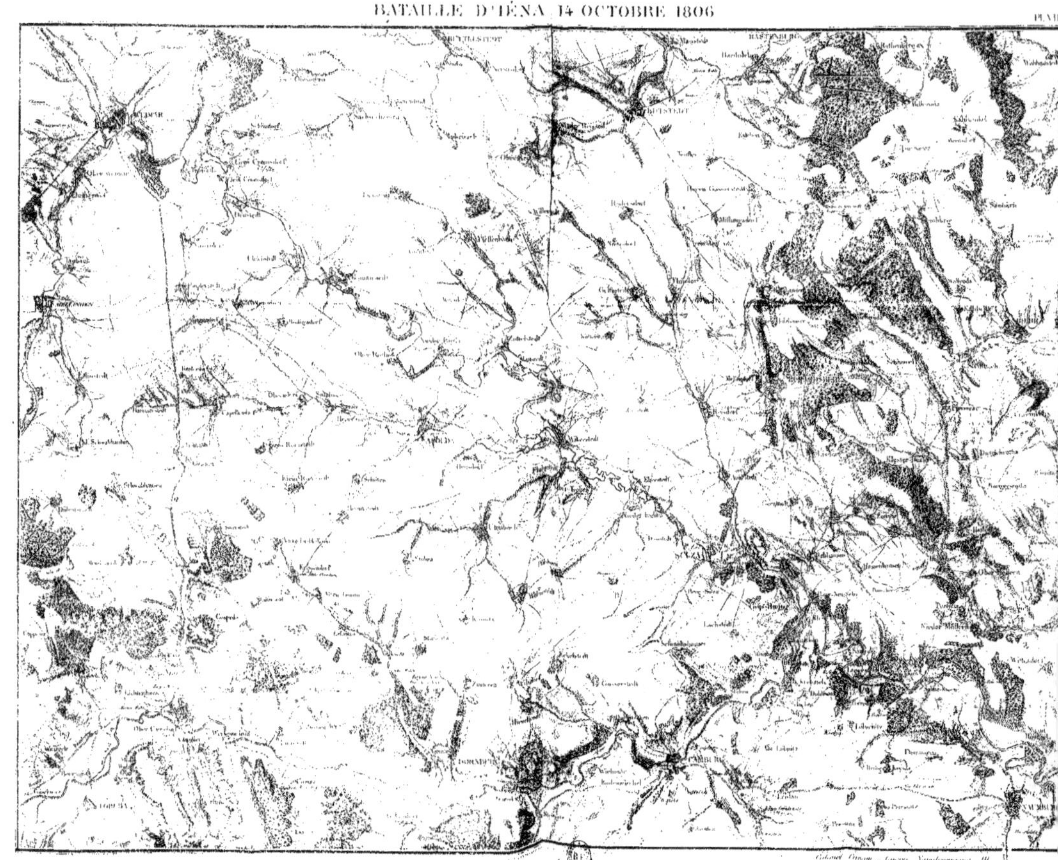

BATAILLE DE PREUSCH-EYLAU, 7 et 8 FÉVRIER 1807.

Pl. VIII

BATAILLE DE FRIEDLAND, 14 JUIN 1807

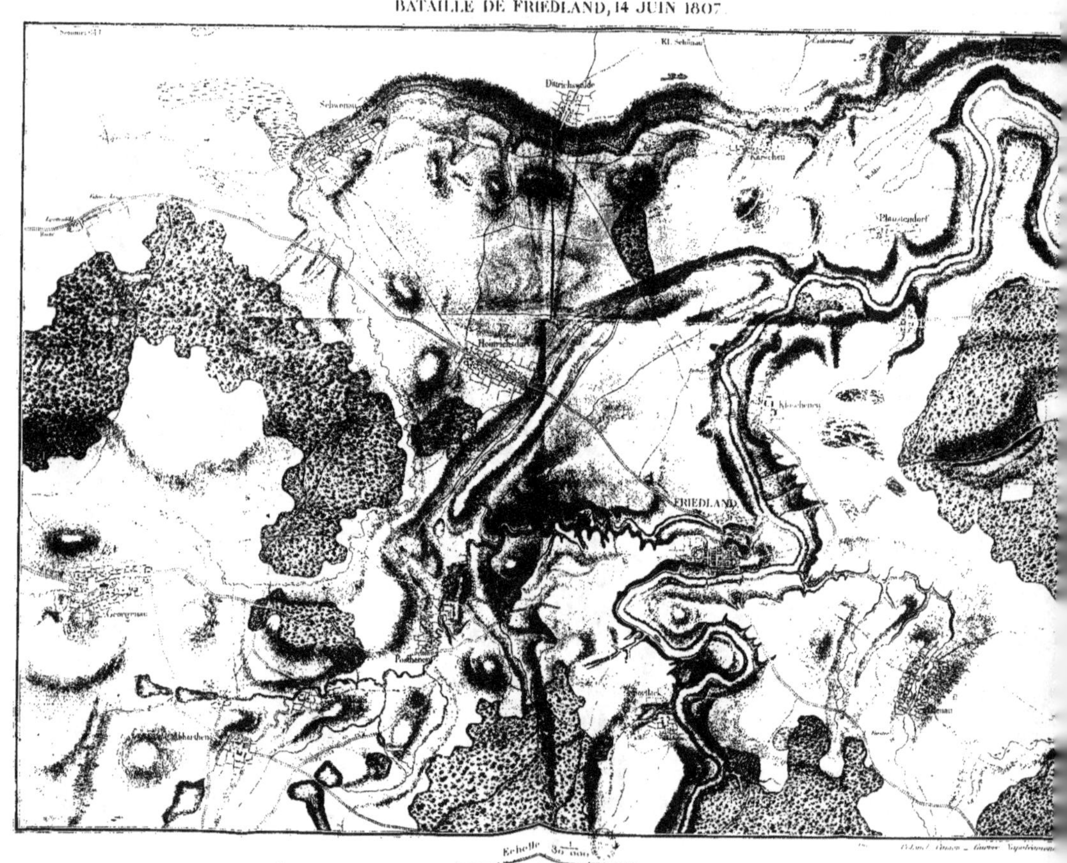

BATAILLE DE WAGRAM, 6 JUILLET 1809

Pl. X

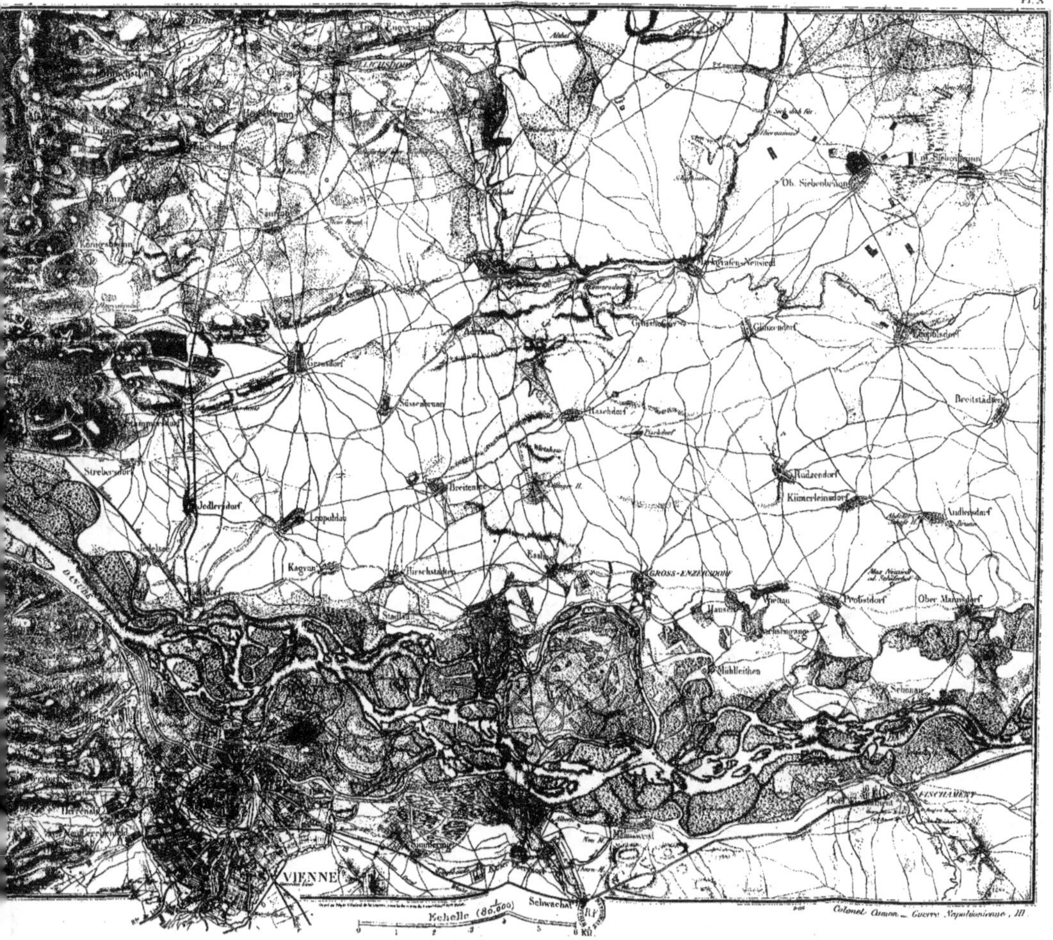

Echelle ($\frac{1}{80,000}$)

0 1 2 3 4 5 6 Kil.

Colonel Camon _ Guerre Napoléonienne, III.

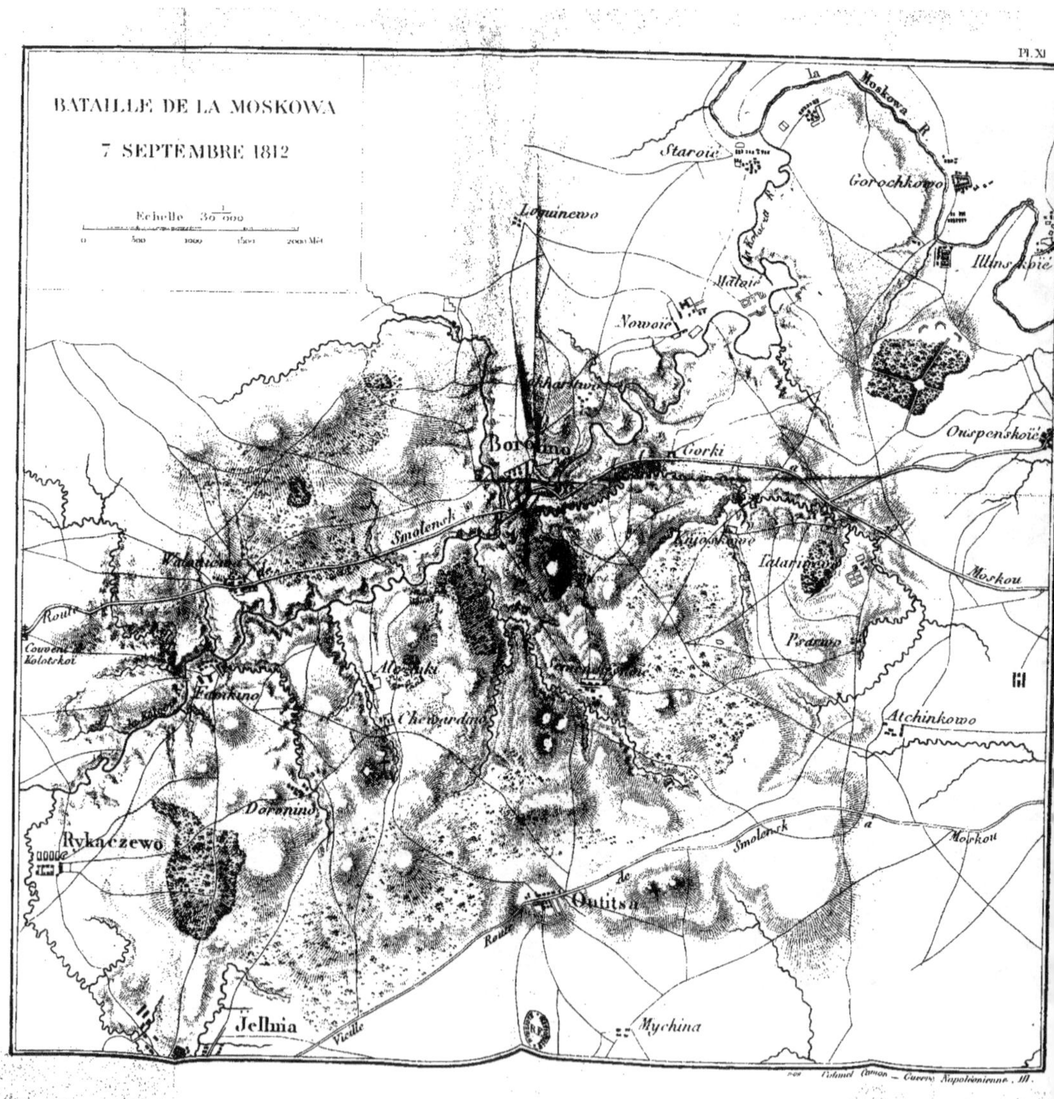
BATAILLE DE LA MOSKOWA
7 SEPTEMBRE 1812
Echelle 1/30 000
0 500 1000 1500 2000 Mèt
Pl. XI
la Moskowa R.
Staroïe
Gorochkowo
Loguinewo
Illinskoïe
Malaïe
Nowoïe
Borodino
Gorki
Ouspenskoïe
Smolensk
Tatarinowo
Moskou
Route
Couvent Kolotskoi
Fomkino
Aleksiki
Chewardino
Psarewo
Atchinkowo
Doronino
Rykaczewo
Smolensk
Moskou
de
Outitsa
Route
Vieille
Jellnia
Mychina
Colonel Camon — Guerre Napoléonienne, III.

BATAILLE DE LÜTZEN _ 2 MAI 1813

Pl. XII

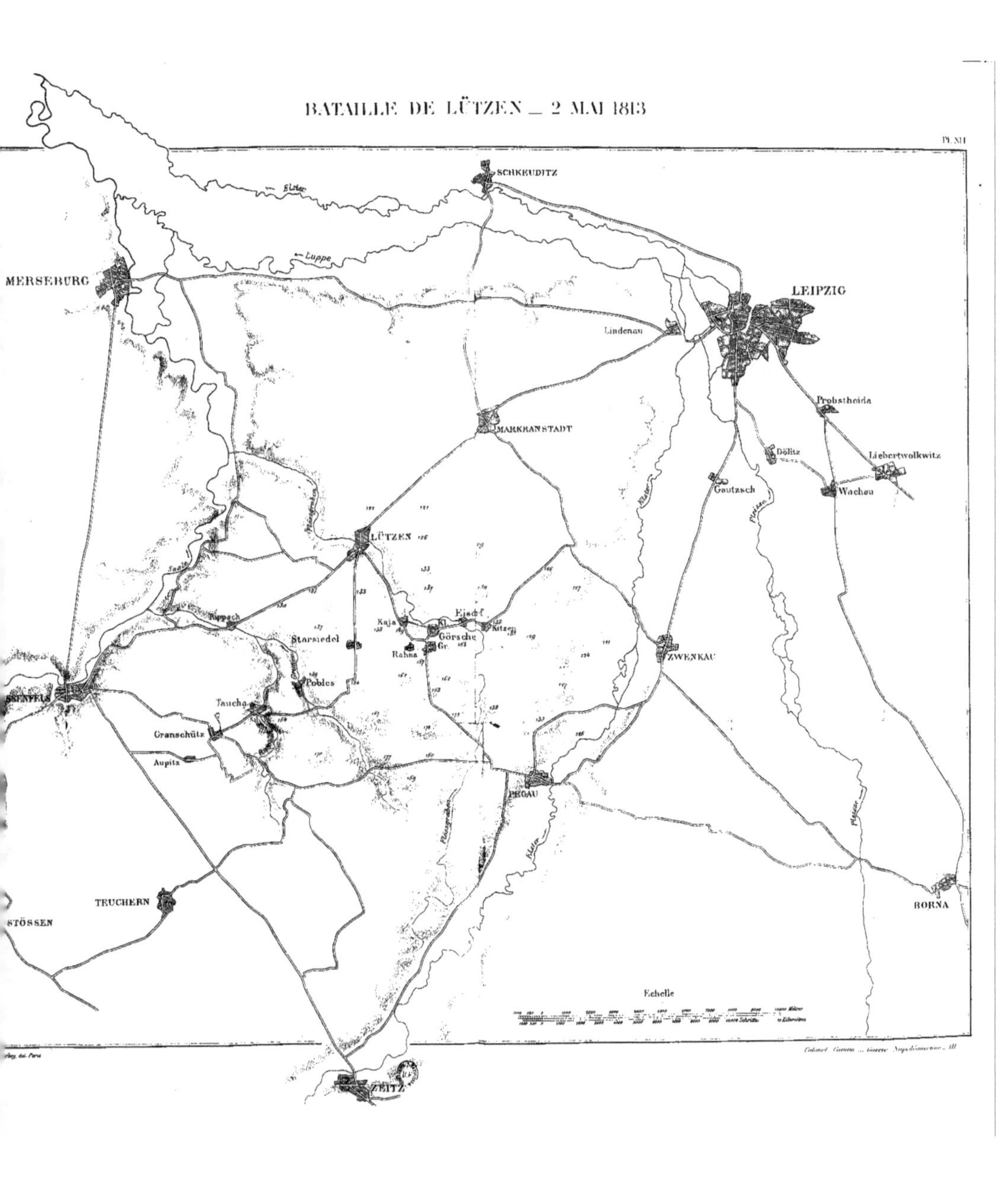

BAUTZEN — 20 ET 21 MAI 1813

Pl. XII

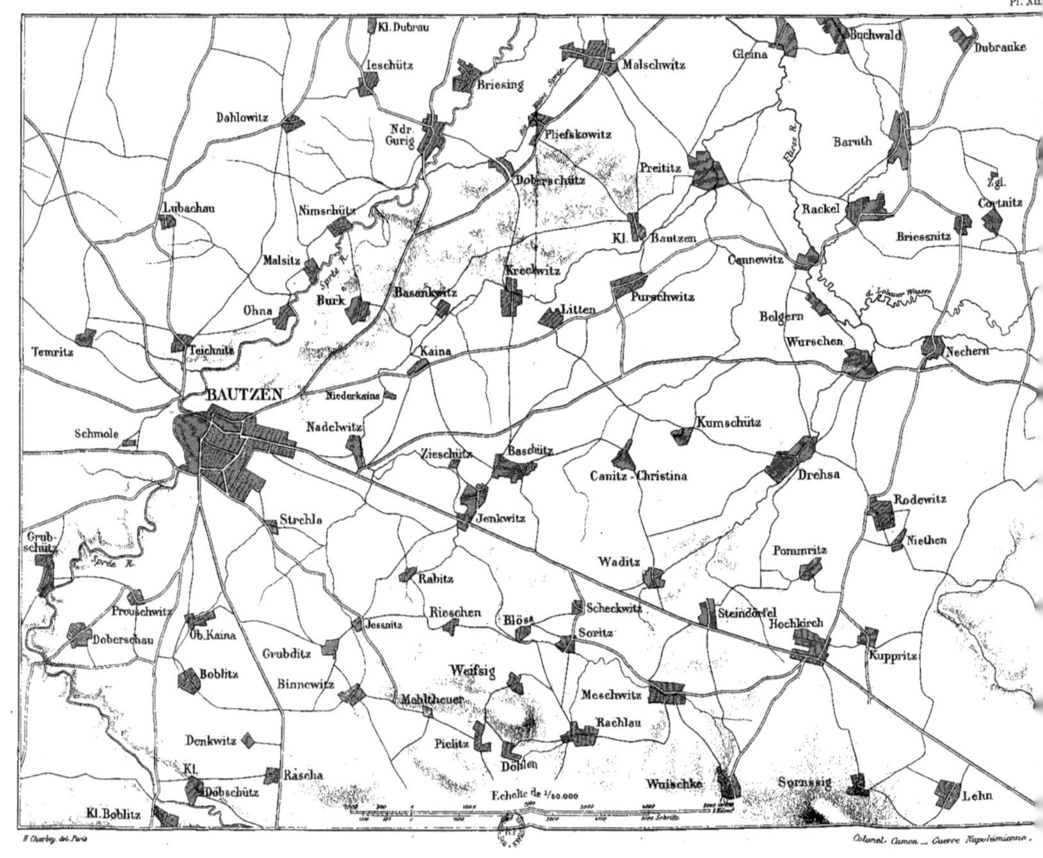

Colonel Camon — Guerre Napoléonienne.

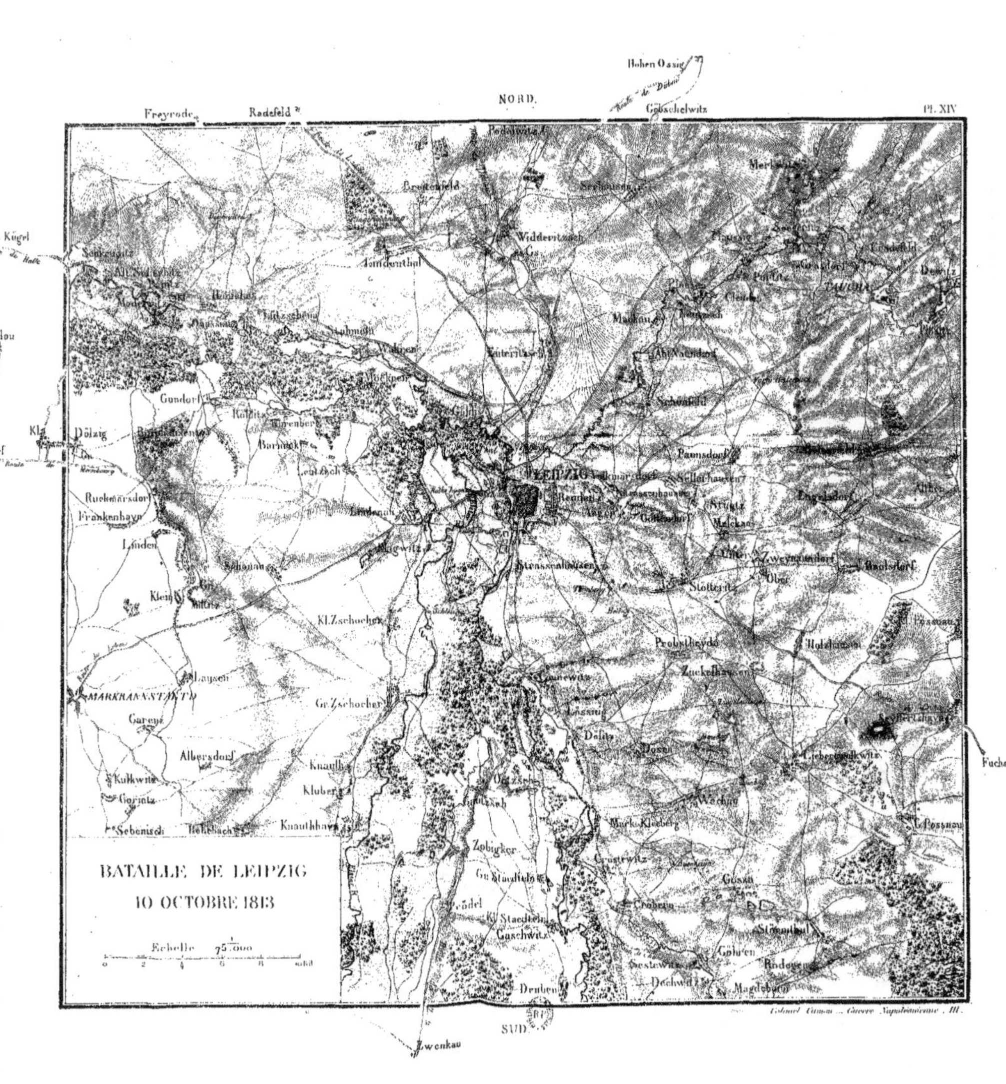
Pl. XIV
NORD
SUD
BATAILLE DE LEIPZIG
10 OCTOBRE 1813
Echelle 1/75.000
Freyrode
Radefeld
Hohen Ossig
Göbschelwitz
Podelwitz
Breitenfeld
Seehausen
Merkwitz
Widderitzsch
Lindenthal
Senkeuitz
Möckern
Gundorf
Dölzig
Lindenau
LEIPZIG
Paunsdorf
Sellerhausen
Engelsdorf
Ruckmarsdorf
Frankenhayn
Linden
Schönau
Kl. Zschocher
Gr. Zschocher
MARKRANNSTÄDT
Lausen
Garenz
Albersdorf
Kulkwitz
Gorbitz
Knauthayn
Zweynaundorf
Stötteritz
Probstheyda
Holzhausen
Zuckelhausen
Connewitz
Lössnig
Dölitz
Dösen
Liebertwolkwitz
Wachau
Mark Kleeberg
Crostewitz
Gossa
Gröbern
Zobigker
Gr. Städteln
Kl. Staedteln
Gaschwitz
Deuben
Magdeborn
Gülden
Dechwitz
Rodogé
Fuchshayn
Zwenkau
Gros Kugel
Colonel Camon... Guerre Napoléonienne, III.

CROQUIS DE LA CAMPAGNE DE 1815

BATAILLES DE LIGNY ET DE WATERLOO

Echelle

H. Charbey, del. Paris.

Colonel Camon — Guerre Napoléonienne . III.

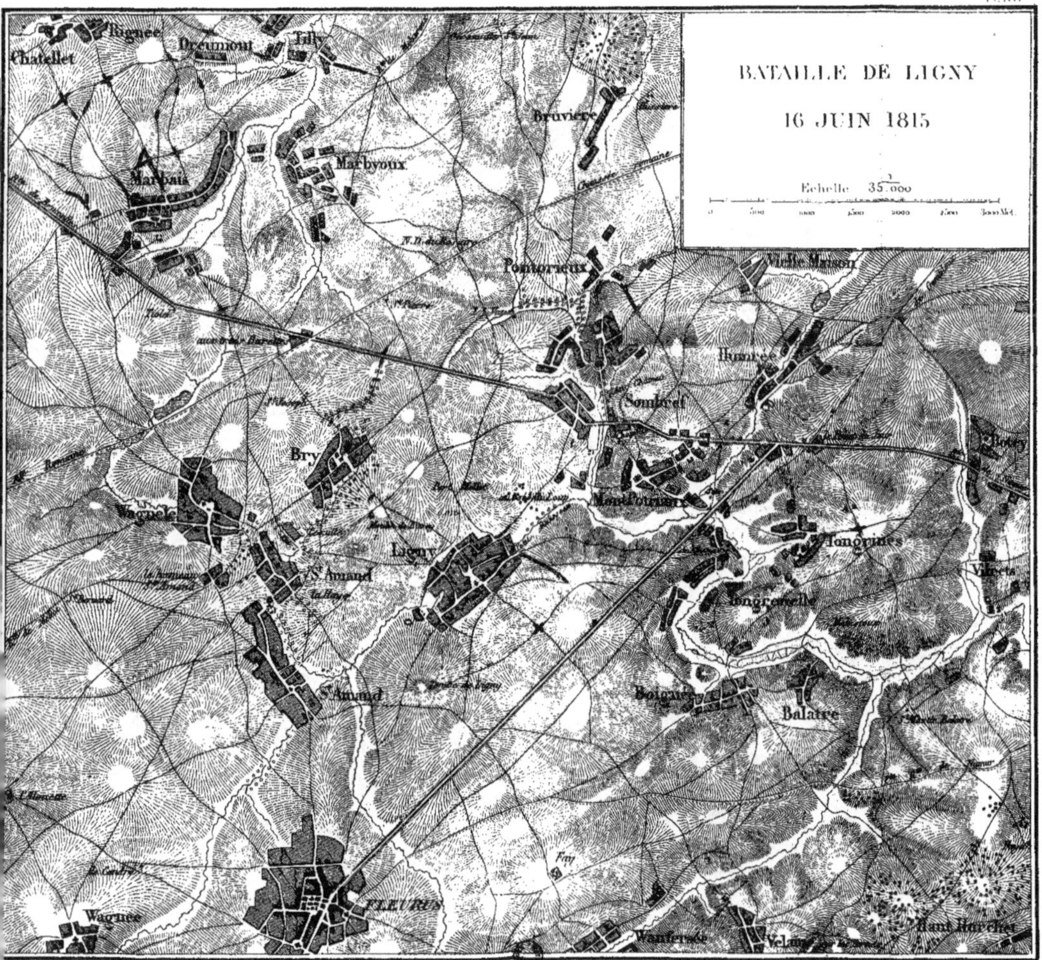

BATAILLE DE LIGNY

16 JUIN 1815

Echelle $\frac{1}{35.000}$

0 500 1000 1500 2000 2500 3000 Met.

Pignee
Chatellet
Dreumont
Tilly
Bruvière
Marbais
Marbyoux
Pontoriaux
Vieille Maison
Hunrée
Sombref
Botey
Bry
Wagnele
Mont Potriaux
Tongrines
S.t Amand
Ligny
Vilrets
Tongrenelle
S.t Amand
Boignée
Balatre
l'Alouette
Fay
Wagnée
FLEURUS
Wanfersée
Velaine
Haut Hurchet

BATAILLE DE WATERLOO, 18 JUIN 1815 Pl. XVII

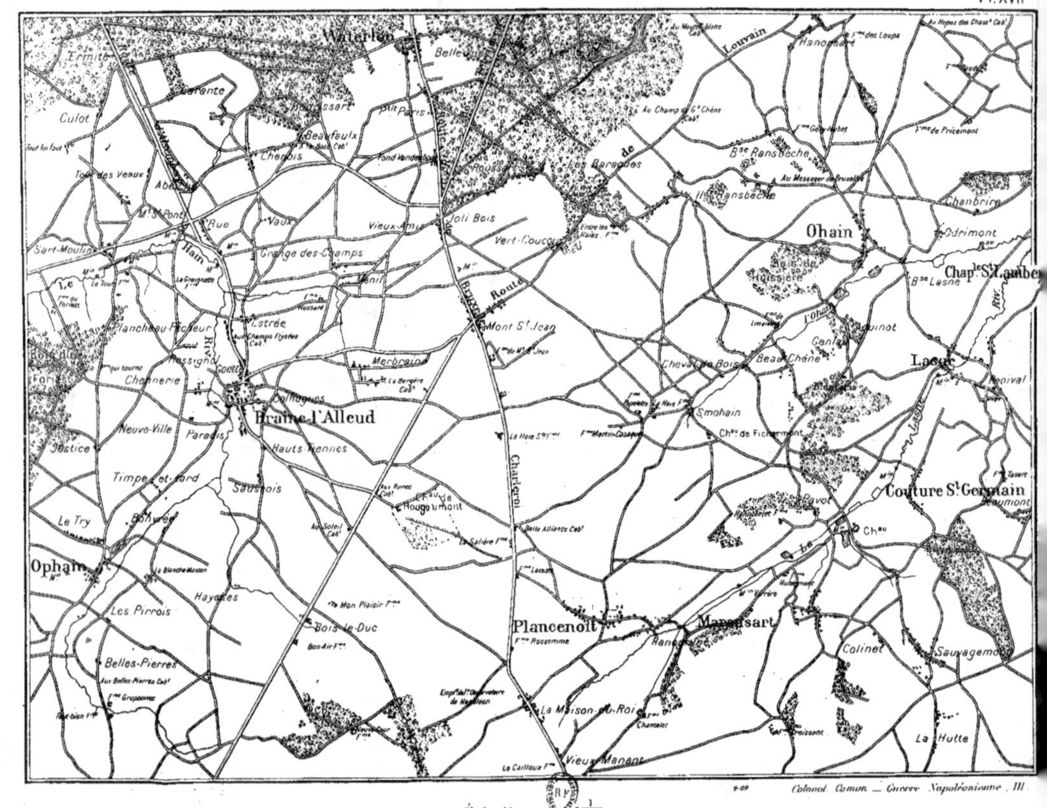

Colonel Camon. — Guerre Napoléonienne, III.

Échelle au $\frac{1}{25.000}$

Mètres 500 0 1 2 Kil

www.ingramcontent.com/pod-product-compliance
Lightning Source LLC
LaVergne TN
LVHW010016230826
846092LV00002B/841

9782019932466